Für alle, die wissen:
Das Büro ist erst mit den nervigsten
Kollegen komplett!
Hier kommt das ultimative Freundebuch
für die besten (und schlimmsten)
Momente und die liebsten (und nervigsten)
Kollegen am Schreibtisch.
Ein bisschen Chaos, viel Humor
–
und Erinnerungen, die wir niemals missen
wollen!

SIGNATUR-BOARD, FÜR ALLE, DIE DABEI SIND:

DIESES BUCH GEHÖRT:

MEIN ARBEITSMOTTO:

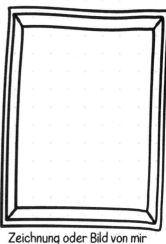
Zeichnung oder Bild von mir

NAME:

AKA:

Ich bin _____ Jahre alt,

aber fühle mich wie _____.

Als Kind war mein Traumberuf _____,

aber heute bin ich _____.

Ich arbeite schon seit _____ mit dir.

Warum du mich so magst: _____

Das mache ich, um beschäftigt auszusehen:
_____.

MEIN ARBEITSTAG BESTEHT AUS...

MEIN ARBEITSSTIL

Macht Spaß	Reines Überleben
Ich helfe gern	Frag jemand anderen
Optimist	Realist (aka Pessimist)
Workaholic	Work...Was?

Mein Büro-Charakter ist am ehesten:

○ **Faultier** – Den Hintern unter keinen Umständen vom Fleck bewegen.

○ **Ameise** – Immer aktiv und hochproduktiv

○ **Igel** – Rollt sich zusammen und hofft, dass alles einfach an ihm vorübergeht.

○ **Gepard um 17Uhr** – Schnell wie der Blitz Richtung Ausgang.

Wie man mich an stressigen Tagen am besten motiviert ...

BESTE AUSREDE:

Fürs Krankmachen:

Fürs Zu-Spät-Kommen:

Wenn man seine Arbeit nicht schafft:

Wenn mein Arbeitsleben ein Songtitel wäre:

Mein Plan für den Ruhestand:

Meine unvergesslichste
'Das-glaubt-mir-keiner'-Geschichte aus dem Büro:

Meine Nachricht an dich: Das wünsche ich dir:

MEIN ARBEITSMOTTO:

Zeichnung oder Bild von mir

NAME:
AKA:

Ich bin _____ Jahre alt,

aber fühle mich wie _____.

Als Kind war mein Traumberuf _____,

aber heute bin ich _____.

Ich arbeite schon seit _____ mit dir.

Warum du mich so magst: _____

Das mache ich, um beschäftigt auszusehen:

_____.

MEIN ARBEITSTAG BESTEHT AUS...

MEIN ARBEITSSTIL

Macht Spaß · Reines Überleben

Ich helfe gern · Frag jemand anderen

Optimist · Realist (aka Pessimist)

Workaholic · Work...Was?

Mein Büro-Charakter ist am ehesten:

○ **Faultier** – Den Hintern unter keinen Umständen vom Fleck bewegen.

○ **Ameise** – Immer aktiv und hochproduktiv

○ **Igel** – Rollt sich zusammen und hofft, dass alles einfach an ihm vorübergeht.

○ **Gepard um 17Uhr** – Schnell wie der Blitz Richtung Ausgang.

Wie man mich an stressigen Tagen am besten motiviert ...

BESTE AUSREDE:

Fürs Krankmachen:

Fürs Zu-Spät-Kommen:

Wenn man seine Arbeit nicht schafft:

Wenn mein Arbeitsleben ein Songtitel wäre:

Mein Plan für den Ruhestand:

Meine unvergesslichste
'Das-glaubt-mir-keiner'-Geschichte aus dem Büro:

Meine Nachricht an dich: Das wünsche ich dir:

MEIN ARBEITSMOTTO:

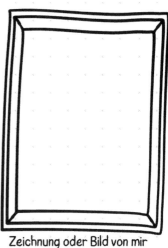

Zeichnung oder Bild von mir

NAME:

AKA:

Ich bin _____ Jahre alt,

aber fühle mich wie _____.

Als Kind war mein Traumberuf _____,

aber heute bin ich _____.

Ich arbeite schon seit _____ mit dir.

Warum du mich so magst: _____

Das mache ich, um beschäftigt auszusehen:
_____

MEIN ARBEITSTAG BESTEHT AUS...

MEIN ARBEITSSTIL

Macht Spaß — Reines Überleben

Ich helfe gern — Frag jemand anderen

Optimist — Realist (aka Pessimist)

Workaholic — Work...Was?

Mein Büro-Charakter ist am ehesten:

○ **Faultier** – Den Hintern unter keinen Umständen vom Fleck bewegen.
○ **Ameise** – Immer aktiv und hochproduktiv
○ **Igel** – Rollt sich zusammen und hofft, dass alles einfach an ihm vorübergeht.
○ **Gepard um 17Uhr** – Schnell wie der Blitz Richtung Ausgang.

Wie man mich an stressigen Tagen am besten motiviert …

BESTE AUSREDE:

Fürs Krankmachen:

Fürs Zu-Spät-Kommen:

Wenn man seine Arbeit nicht schafft:

Wenn mein Arbeitsleben ein Songtitel wäre:

Mein Plan für den Ruhestand:

Meine unvergesslichste
'Das-glaubt-mir-keiner'-Geschichte aus dem Büro:

Meine Nachricht an dich: Das wünsche ich dir:

NAME:

AKA:

Ich bin _____ Jahre alt,

aber fühle mich wie _____.

Zeichnung oder Bild von mir

Als Kind war mein Traumberuf _____,

aber heute bin ich _____.

Ich arbeite schon seit _____ mit dir.

Warum du mich so magst: _____

Das mache ich, um beschäftigt auszusehen:

_____.

MEIN ARBEITSTAG BESTEHT AUS...

MEIN ARBEITSSTIL

Macht Spaß — Reines Überleben

Ich helfe gern — Frag jemand anderen

Optimist — Realist (aka Pessimist)

Workaholic — Work...Was?

Mein Büro-Charakter ist am ehesten:

○ **Faultier** — Den Hintern unter keinen Umständen vom Fleck bewegen.

○ **Ameise** — Immer aktiv und hochproduktiv

○ **Igel** — Rollt sich zusammen und hofft, dass alles einfach an ihm vorübergeht.

○ **Gepard um 17Uhr** — Schnell wie der Blitz Richtung Ausgang.

Wie man mich an stressigen Tagen am besten motiviert ...

BESTE AUSREDE:

Fürs Krankmachen:

Fürs Zu-Spät-Kommen:

Wenn man seine Arbeit nicht schafft:

Wenn mein Arbeitsleben ein Songtitel wäre:

Mein Plan für den Ruhestand:

Meine unvergesslichste
'Das-glaubt-mir-keiner'-Geschichte aus dem Büro:

Meine Nachricht an dich: Das wünsche ich dir:

MEIN ARBEITSMOTTO:

Zeichnung oder Bild von mir

NAME:
AKA:

Ich bin _____ Jahre alt,

aber fühle mich wie _____.

Als Kind war mein Traumberuf _____,

aber heute bin ich _____.

Ich arbeite schon seit _____ mit dir.

Warum du mich so magst: _____

Das mache ich, um beschäftigt auszusehen:

_____

MEIN ARBEITSTAG BESTEHT AUS...

MEIN ARBEITSSTIL

Macht Spaß	Reines Überleben
Ich helfe gern	Frag jemand anderen
Optimist	Realist (aka Pessimist)
Workaholic	Work...Was?

Mein Büro-Charakter ist am ehesten:

○ **Faultier** – Den Hintern unter keinen Umständen vom Fleck bewegen.

○ **Ameise** – Immer aktiv und hochproduktiv

○ **Igel** – Rollt sich zusammen und hofft, dass alles einfach an ihm vorübergeht.

○ **Gepard um 17Uhr** – Schnell wie der Blitz Richtung Ausgang.

Wie man mich an stressigen Tagen am besten motiviert ...

BESTE AUSREDE:

Fürs Krankmachen:

Fürs Zu-Spät-Kommen:

Wenn man seine Arbeit nicht schafft:

Wenn mein Arbeitsleben ein Songtitel wäre:

Mein Plan für den Ruhestand:

Meine unvergesslichste
'Das-glaubt-mir-keiner'-Geschichte aus dem Büro:

Meine Nachricht an dich: Das wünsche ich dir:

NAME:

AKA:

Ich bin _____ Jahre alt,

aber fühle mich wie _____.

Zeichnung oder Bild von mir

Als Kind war mein Traumberuf _____,

aber heute bin ich _____.

Ich arbeite schon seit _____ mit dir.

Warum du mich so magst: _____

Das mache ich, um beschäftigt auszusehen:

_____.

MEIN ARBEITSTAG BESTEHT AUS...

MEIN ARBEITSSTIL

Macht Spaß	Reines Überleben
Ich helfe gern	Frag jemand anderen
Optimist	Realist (aka Pessimist)
Workaholic	Work...Was?

Mein Büro-Charakter ist am ehesten:

○ **Faultier** – Den Hintern unter keinen Umständen vom Fleck bewegen.

○ **Ameise** – Immer aktiv und hochproduktiv

○ **Igel** – Rollt sich zusammen und hofft, dass alles einfach an ihm vorübergeht.

○ **Gepard um 17Uhr** – Schnell wie der Blitz Richtung Ausgang.

Wie man mich an stressigen Tagen am besten motiviert ...

BESTE AUSREDE:

Fürs Krankmachen:

Fürs Zu-Spät-Kommen:

Wenn man seine Arbeit nicht schafft:

Wenn mein Arbeitsleben ein Songtitel wäre:

Mein Plan für den Ruhestand:

Meine unvergesslichste 'Das-glaubt-mir-keiner'-Geschichte aus dem Büro:

Meine Nachricht an dich:

Das wünsche ich dir:

 MEIN ARBEITSMOTTO:

Zeichnung oder Bild von mir

NAME:

AKA:

Ich bin _____ Jahre alt,

aber fühle mich wie _____.

Als Kind war mein Traumberuf _____,

aber heute bin ich _____.

Ich arbeite schon seit _____ mit dir.

Warum du mich so magst: _____

Das mache ich, um beschäftigt auszusehen:
_____

MEIN ARBEITSTAG BESTEHT AUS...

MEIN ARBEITSSTIL

Macht Spaß	Reines Überleben
Ich helfe gern	Frag jemand anderen
Optimist	Realist (aka Pessimist)
Workaholic	Work...Was?

Mein Büro-Charakter ist am ehesten:

- ○ **Faultier** – Den Hintern unter keinen Umständen vom Fleck bewegen.
- ○ **Ameise** – Immer aktiv und hochproduktiv
- ○ **Igel** – Rollt sich zusammen und hofft, dass alles einfach an ihm vorübergeht.
- ○ **Gepard um 17Uhr** – Schnell wie der Blitz Richtung Ausgang.

Wie man mich an stressigen Tagen am besten motiviert ...

BESTE AUSREDE:

Fürs Krankmachen:

Fürs Zu-Spät-Kommen:

Wenn man seine Arbeit nicht schafft:

Wenn mein Arbeitsleben ein Songtitel wäre:

Mein Plan für den Ruhestand:

Meine unvergesslichste
'Das-glaubt-mir-keiner'-Geschichte aus dem Büro:

Meine Nachricht an dich: Das wünsche ich dir:

# MEIN ARBEITSMOTTO:

Zeichnung oder Bild von mir

NAME:

AKA:

Ich bin _____ Jahre alt,

aber fühle mich wie _____.

Als Kind war mein Traumberuf _____,

aber heute bin ich _____.

Ich arbeite schon seit _____ mit dir.

Warum du mich so magst: _____

Das mache ich, um beschäftigt auszusehen:

_____.

MEIN ARBEITSTAG BESTEHT AUS...

MEIN ARBEITSSTIL

Macht Spaß — Reines Überleben

Ich helfe gern — Frag jemand anderen

Optimist — Realist (aka Pessimist)

Workaholic — Work...Was?

Mein Büro-Charakter ist am ehesten:

○ **Faultier** – Den Hintern unter keinen Umständen vom Fleck bewegen.

○ **Ameise** – Immer aktiv und hochproduktiv

○ **Igel** – Rollt sich zusammen und hofft, dass alles einfach an ihm vorübergeht.

○ **Gepard um 17Uhr** – Schnell wie der Blitz Richtung Ausgang.

Wie man mich an stressigen Tagen am besten motiviert ...

BESTE AUSREDE:

Fürs Krankmachen:

Fürs Zu-Spät-Kommen:

Wenn man seine Arbeit nicht schafft:

Wenn mein Arbeitsleben ein Songtitel wäre:

Mein Plan für den Ruhestand:

Meine unvergesslichste
'Das-glaubt-mir-keiner'-Geschichte aus dem Büro:

Meine Nachricht an dich: Das wünsche ich dir:

MEIN ARBEITSMOTTO:

NAME:

AKA:

Ich bin _____ Jahre alt,

aber fühle mich wie _____.

Zeichnung oder Bild von mir

Als Kind war mein Traumberuf _____,

aber heute bin ich _____.

Ich arbeite schon seit _____ mit dir.

Warum du mich so magst: _____

Das mache ich, um beschäftigt auszusehen:

_____.

MEIN ARBEITSTAG BESTEHT AUS...

MEIN ARBEITSSTIL

Macht Spaß	Reines Überleben
Ich helfe gern	Frag jemand anderen
Optimist	Realist (aka Pessimist)
Workaholic	Work...Was?

Mein Büro-Charakter ist am ehesten:

- ◯ **Faultier** – Den Hintern unter keinen Umständen vom Fleck bewegen.
- ◯ **Ameise** – Immer aktiv und hochproduktiv
- ◯ **Igel** – Rollt sich zusammen und hofft, dass alles einfach an ihm vorübergeht.
- ◯ **Gepard um 17Uhr** – Schnell wie der Blitz Richtung Ausgang.

Wie man mich an stressigen Tagen am besten motiviert ...

BESTE AUSREDE:

Fürs Krankmachen:

Fürs Zu-Spät-Kommen:

Wenn man seine Arbeit nicht schafft:

Wenn mein Arbeitsleben ein Songtitel wäre:

Mein Plan für den Ruhestand:

Meine unvergesslichste
'Das-glaubt-mir-keiner'-Geschichte aus dem Büro:

Meine Nachricht an dich: Das wünsche ich dir:

MEIN ARBEITSMOTTO:

Zeichnung oder Bild von mir

NAME:
AKA:

Ich bin _____ Jahre alt,

aber fühle mich wie _____.

Als Kind war mein Traumberuf _____,

aber heute bin ich _____.

Ich arbeite schon seit _____ mit dir.

Warum du mich so magst: _____

Das mache ich, um beschäftigt auszusehen:

_____.

MEIN ARBEITSTAG BESTEHT AUS...

MEIN ARBEITSSTIL

Macht Spaß — Reines Überleben

Ich helfe gern — Frag jemand anderen

Optimist — Realist (aka Pessimist)

Workaholic — Work...Was?

Mein Büro-Charakter ist am ehesten:

- ⚪ **Faultier** – Den Hintern unter keinen Umständen vom Fleck bewegen.
- ⚪ **Ameise** – Immer aktiv und hochproduktiv
- ⚪ **Igel** – Rollt sich zusammen und hofft, dass alles einfach an ihm vorübergeht.
- ⚪ **Gepard um 17Uhr** – Schnell wie der Blitz Richtung Ausgang.

Wie man mich an stressigen Tagen am besten motiviert …

BESTE AUSREDE:

Fürs Krankmachen:

Fürs Zu-Spät-Kommen:

Wenn man seine Arbeit nicht schafft:

Wenn mein Arbeitsleben ein Songtitel wäre:

Mein Plan für den Ruhestand:

Meine unvergesslichste
'Das-glaubt-mir-keiner'-Geschichte aus dem Büro:

Meine Nachricht an dich: Das wünsche ich dir:

MEIN ARBEITSMOTTO:

Zeichnung oder Bild von mir

NAME:

AKA:

Ich bin _____ Jahre alt,

aber fühle mich wie _____.

Als Kind war mein Traumberuf _____,

aber heute bin ich _____.

Ich arbeite schon seit _____ mit dir.

Warum du mich so magst: _____

Das mache ich, um beschäftigt auszusehen:

_____.

MEIN ARBEITSTAG BESTEHT AUS...

MEIN ARBEITSSTIL

Macht Spaß — Reines Überleben

Ich helfe gern — Frag jemand anderen

Optimist — Realist (aka Pessimist)

Workaholic — Work...Was?

Mein Büro-Charakter ist am ehesten:

○ **Faultier** – Den Hintern unter keinen Umständen vom Fleck bewegen.

○ **Ameise** – Immer aktiv und hochproduktiv

○ **Igel** – Rollt sich zusammen und hofft, dass alles einfach an ihm vorübergeht.

○ **Gepard um 17Uhr** – Schnell wie der Blitz Richtung Ausgang.

Wie man mich an stressigen Tagen am besten motiviert ...

BESTE AUSREDE:

Fürs Krankmachen:

Fürs Zu-Spät-Kommen:

Wenn man seine Arbeit nicht schafft:

Wenn mein Arbeitsleben ein Songtitel wäre:

Mein Plan für den Ruhestand:

Meine unvergesslichste
'Das-glaubt-mir-keiner'-Geschichte aus dem Büro:

Meine Nachricht an dich: Das wünsche ich dir:

NAME:

AKA:

Ich bin _____ Jahre alt,

aber fühle mich wie _____.

Zeichnung oder Bild von mir

Als Kind war mein Traumberuf _____,

aber heute bin ich _____.

Ich arbeite schon seit _____ mit dir.

Warum du mich so magst: _____

Das mache ich, um beschäftigt auszusehen:

_____.

MEIN ARBEITSTAG BESTEHT AUS...

MEIN ARBEITSSTIL

Macht Spaß	Reines Überleben
Ich helfe gern	Frag jemand anderen
Optimist	Realist (aka Pessimist)
Workaholic	Work…Was?

Mein Büro-Charakter ist am ehesten:

○ **Faultier** – Den Hintern unter keinen Umständen vom Fleck bewegen.
○ **Ameise** – Immer aktiv und hochproduktiv
○ **Igel** – Rollt sich zusammen und hofft, dass alles einfach an ihm vorübergeht.
○ **Gepard um 17Uhr** – Schnell wie der Blitz Richtung Ausgang.

Wie man mich an stressigen Tagen am besten motiviert ...

BESTE AUSREDE:

Fürs Krankmachen:

Fürs Zu-Spät-Kommen:

Wenn man seine Arbeit nicht schafft:

Wenn mein Arbeitsleben ein Songtitel wäre:

Mein Plan für den Ruhestand:

Meine unvergesslichste
'Das-glaubt-mir-keiner'-Geschichte aus dem Büro:

Meine Nachricht an dich: Das wünsche ich dir:

NAME:

AKA:

Ich bin _____ Jahre alt,

aber fühle mich wie _____.

Zeichnung oder Bild von mir

Als Kind war mein Traumberuf _____,

aber heute bin ich _____.

Ich arbeite schon seit _____ mit dir.

Warum du mich so magst: _____

Das mache ich, um beschäftigt auszusehen:

_____.

MEIN ARBEITSTAG BESTEHT AUS...

MEIN ARBEITSSTIL

Macht Spaß	Reines Überleben
Ich helfe gern	Frag jemand anderen
Optimist	Realist (aka Pessimist)
Workaholic	Work...Was?

Mein Büro-Charakter ist am ehesten:

○ **Faultier** – Den Hintern unter keinen Umständen vom Fleck bewegen.

○ **Ameise** – Immer aktiv und hochproduktiv

○ **Igel** – Rollt sich zusammen und hofft, dass alles einfach an ihm vorübergeht.

○ **Gepard um 17Uhr** – Schnell wie der Blitz Richtung Ausgang.

Wie man mich an stressigen Tagen am besten motiviert ...

BESTE AUSREDE:

Fürs Krankmachen:

Fürs Zu-Spät-Kommen:

Wenn man seine Arbeit nicht schafft:

Wenn mein Arbeitsleben ein Songtitel wäre:

Mein Plan für den Ruhestand:

Meine unvergesslichste 'Das-glaubt-mir-keiner'-Geschichte aus dem Büro:

Meine Nachricht an dich:

Das wünsche ich dir:

NAME:

AKA:

Ich bin _____ Jahre alt,

aber fühle mich wie _____.

Zeichnung oder Bild von mir

Als Kind war mein Traumberuf _____,

aber heute bin ich _____.

Ich arbeite schon seit _____ mit dir.

Warum du mich so magst: _____

Das mache ich, um beschäftigt auszusehen:

_____.

MEIN ARBEITSTAG BESTEHT AUS...

MEIN ARBEITSSTIL

Macht Spaß	Reines Überleben
Ich helfe gern	Frag jemand anderen
Optimist	Realist (aka Pessimist)
Workaholic	Work...Was?

Mein Büro-Charakter ist am ehesten:

○ **Faultier** – Den Hintern unter keinen Umständen vom Fleck bewegen.
○ **Ameise** – Immer aktiv und hochproduktiv
○ **Igel** – Rollt sich zusammen und hofft, dass alles einfach an ihm vorübergeht.
○ **Gepard um 17Uhr** – Schnell wie der Blitz Richtung Ausgang.

Wie man mich an stressigen Tagen am besten motiviert ...

BESTE AUSREDE:

Fürs Krankmachen:

Fürs Zu-Spät-Kommen:

Wenn man seine Arbeit nicht schafft:

Wenn mein Arbeitsleben ein Songtitel wäre:

Mein Plan für den Ruhestand:

Meine unvergesslichste
'Das-glaubt-mir-keiner'-Geschichte aus dem Büro:

Meine Nachricht an dich: Das wünsche ich dir:

Zeichnung oder Bild von mir

NAME:

AKA:

Ich bin _____ Jahre alt,

aber fühle mich wie _____.

Als Kind war mein Traumberuf _____,

aber heute bin ich _____.

Ich arbeite schon seit _____ mit dir.

Warum du mich so magst: _____

Das mache ich, um beschäftigt auszusehen:

_____.

MEIN ARBEITSTAG BESTEHT AUS...

MEIN ARBEITSSTIL

Macht Spaß	Reines Überleben
Ich helfe gern	Frag jemand anderen
Optimist	Realist (aka Pessimist)
Workaholic	Work...Was?

Mein Büro-Charakter ist am ehesten:

○ **Faultier** – Den Hintern unter keinen Umständen vom Fleck bewegen.

○ **Ameise** – Immer aktiv und hochproduktiv

○ **Igel** – Rollt sich zusammen und hofft, dass alles einfach an ihm vorübergeht.

○ **Gepard um 17Uhr** – Schnell wie der Blitz Richtung Ausgang.

Wie man mich an stressigen Tagen am besten motiviert …

BESTE AUSREDE:

Fürs Krankmachen:

Fürs Zu-Spät-Kommen:

Wenn man seine Arbeit nicht schafft:

Wenn mein Arbeitsleben ein Songtitel wäre:

Mein Plan für den Ruhestand:

Meine unvergesslichste
'Das-glaubt-mir-keiner'-Geschichte aus dem Büro:

Meine Nachricht an dich:		Das wünsche ich dir:

NAME:

AKA:

Ich bin _____ Jahre alt,

aber fühle mich wie _____.

Zeichnung oder Bild von mir

Als Kind war mein Traumberuf _____,

aber heute bin ich _____.

Ich arbeite schon seit _____ mit dir.

Warum du mich so magst: _____

Das mache ich, um beschäftigt auszusehen:

_____.

MEIN ARBEITSTAG BESTEHT AUS...

MEIN ARBEITSSTIL

Macht Spaß — Reines Überleben

Ich helfe gern — Frag jemand anderen

Optimist — Realist (aka Pessimist)

Workaholic — Work...Was?

Mein Büro-Charakter ist am ehesten:

○ **Faultier** – Den Hintern unter keinen Umständen vom Fleck bewegen.

○ **Ameise** – Immer aktiv und hochproduktiv

○ **Igel** – Rollt sich zusammen und hofft, dass alles einfach an ihm vorübergeht.

○ **Gepard um 17Uhr** – Schnell wie der Blitz Richtung Ausgang.

Wie man mich an stressigen Tagen am besten motiviert ...

BESTE AUSREDE:

Fürs Krankmachen:

Fürs Zu-Spät-Kommen:

Wenn man seine Arbeit nicht schafft:

Wenn mein Arbeitsleben ein Songtitel wäre:

Mein Plan für den Ruhestand:

Meine unvergesslichste 'Das-glaubt-mir-keiner'-Geschichte aus dem Büro:

Meine Nachricht an dich:

Das wünsche ich dir:

NAME:

AKA:

Ich bin _____ Jahre alt,

aber fühle mich wie _____.

Zeichnung oder Bild von mir

Als Kind war mein Traumberuf _____,

aber heute bin ich _____.

Ich arbeite schon seit _____ mit dir.

Warum du mich so magst: _____

Das mache ich, um beschäftigt auszusehen:

_____.

MEIN ARBEITSTAG BESTEHT AUS...

MEIN ARBEITSSTIL

Macht Spaß	Reines Überleben
Ich helfe gern	Frag jemand anderen
Optimist	Realist (aka Pessimist)
Workaholic	Work...Was?

Mein Büro-Charakter ist am ehesten:

○ **Faultier** — Den Hintern unter keinen Umständen vom Fleck bewegen.
○ **Ameise** — Immer aktiv und hochproduktiv
○ **Igel** — Rollt sich zusammen und hofft, dass alles einfach an ihm vorübergeht.
○ **Gepard um 17Uhr** — Schnell wie der Blitz Richtung Ausgang.

Wie man mich an stressigen Tagen am besten motiviert ...

BESTE AUSREDE:

Fürs Krankmachen:

Fürs Zu-Spät-Kommen:

Wenn man seine Arbeit nicht schafft:

Wenn mein Arbeitsleben ein Songtitel wäre:

Mein Plan für den Ruhestand:

Meine unvergesslichste
'Das-glaubt-mir-keiner'-Geschichte aus dem Büro:

Meine Nachricht an dich: Das wünsche ich dir:

# NAME:

AKA:

Ich bin _____ Jahre alt,

aber fühle mich wie _____.

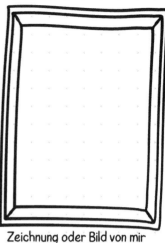

Zeichnung oder Bild von mir

Als Kind war mein Traumberuf _____,

aber heute bin ich _____.

Ich arbeite schon seit _____ mit dir.

Warum du mich so magst: _____

Das mache ich, um beschäftigt auszusehen:

_____.

MEIN ARBEITSTAG BESTEHT AUS...

MEIN ARBEITSSTIL

Macht Spaß	Reines Überleben
Ich helfe gern	Frag jemand anderen
Optimist	Realist (aka Pessimist)
Workaholic	Work...Was?

Mein Büro-Charakter ist am ehesten:

○ **Faultier** – Den Hintern unter keinen Umständen vom Fleck bewegen.

○ **Ameise** – Immer aktiv und hochproduktiv

○ **Igel** – Rollt sich zusammen und hofft, dass alles einfach an ihm vorübergeht.

○ **Gepard um 17Uhr** – Schnell wie der Blitz Richtung Ausgang.

Wie man mich an stressigen Tagen am besten motiviert ...

BESTE AUSREDE:

Fürs Krankmachen:

Fürs Zu-Spät-Kommen:

Wenn man seine Arbeit nicht schafft:

Wenn mein Arbeitsleben ein Songtitel wäre:

Mein Plan für den Ruhestand:

Meine unvergesslichste
'Das-glaubt-mir-keiner'-Geschichte aus dem Büro:

Meine Nachricht an dich: Das wünsche ich dir:

NAME:

AKA:

Ich bin _____ Jahre alt,

aber fühle mich wie _____.

Zeichnung oder Bild von mir

Als Kind war mein Traumberuf _____,

aber heute bin ich _____.

Ich arbeite schon seit _____ mit dir.

Warum du mich so magst: _____

Das mache ich, um beschäftigt auszusehen:

_____.

MEIN ARBEITSTAG BESTEHT AUS...

MEIN ARBEITSSTIL

Macht Spaß — Reines Überleben

Ich helfe gern — Frag jemand anderen

Optimist — Realist (aka Pessimist)

Workaholic — Work...Was?

Mein Büro-Charakter ist am ehesten:

- ◯ **Faultier** – Den Hintern unter keinen Umständen vom Fleck bewegen.
- ◯ **Ameise** – Immer aktiv und hochproduktiv
- ◯ **Igel** – Rollt sich zusammen und hofft, dass alles einfach an ihm vorübergeht.
- ◯ **Gepard um 17Uhr** – Schnell wie der Blitz Richtung Ausgang.

Wie man mich an stressigen Tagen am besten motiviert ...

BESTE AUSREDE:

Fürs Krankmachen:

Fürs Zu-Spät-Kommen:

Wenn man seine Arbeit nicht schafft:

Wenn mein Arbeitsleben ein Songtitel wäre:

Mein Plan für den Ruhestand:

Meine unvergesslichste
'Das-glaubt-mir-keiner'-Geschichte aus dem Büro:

Meine Nachricht an dich: Das wünsche ich dir:

 MEIN ARBEITSMOTTO:

Zeichnung oder Bild von mir

NAME:

AKA:

Ich bin _____ Jahre alt,

aber fühle mich wie _____.

Als Kind war mein Traumberuf _____,

aber heute bin ich _____.

Ich arbeite schon seit _____ mit dir.

Warum du mich so magst: _____

Das mache ich, um beschäftigt auszusehen:

_____.

MEIN ARBEITSTAG BESTEHT AUS...

MEIN ARBEITSSTIL

Macht Spaß	Reines Überleben
Ich helfe gern	Frag jemand anderen
Optimist	Realist (aka Pessimist)
Workaholic	Work...Was?

Mein Büro-Charakter ist am ehesten:

○ **Faultier** — Den Hintern unter keinen Umständen vom Fleck bewegen.

○ **Ameise** — Immer aktiv und hochproduktiv

○ **Igel** — Rollt sich zusammen und hofft, dass alles einfach an ihm vorübergeht.

○ **Gepard um 17Uhr** — Schnell wie der Blitz Richtung Ausgang.

Wie man mich an stressigen Tagen am besten motiviert ...

BESTE AUSREDE:

Fürs Krankmachen:

Fürs Zu-Spät-Kommen:

Wenn man seine Arbeit nicht schafft:

Wenn mein Arbeitsleben ein Songtitel wäre:

Mein Plan für den Ruhestand:

Meine unvergesslichste
'Das-glaubt-mir-keiner'-Geschichte aus dem Büro:

Meine Nachricht an dich:

Das wünsche ich dir:

MEIN ARBEITSMOTTO:

Zeichnung oder Bild von mir

NAME:

AKA:

Ich bin _____ Jahre alt,

aber fühle mich wie _____.

Als Kind war mein Traumberuf _____,

aber heute bin ich _____.

Ich arbeite schon seit _____ mit dir.

Warum du mich so magst: _____

Das mache ich, um beschäftigt auszusehen:

_____.

MEIN ARBEITSTAG BESTEHT AUS...

MEIN ARBEITSSTIL

Macht Spaß — Reines Überleben

Ich helfe gern — Frag jemand anderen

Optimist — Realist (aka Pessimist)

Workaholic — Work...Was?

Mein Büro-Charakter ist am ehesten:

○ **Faultier** – Den Hintern unter keinen Umständen vom Fleck bewegen.

○ **Ameise** – Immer aktiv und hochproduktiv

○ **Igel** – Rollt sich zusammen und hofft, dass alles einfach an ihm vorübergeht.

○ **Gepard um 17Uhr** – Schnell wie der Blitz Richtung Ausgang.

Wie man mich an stressigen Tagen am besten motiviert ...

BESTE AUSREDE:

Fürs Krankmachen:

Fürs Zu-Spät-Kommen:

Wenn man seine Arbeit nicht schafft:

Wenn mein Arbeitsleben ein Songtitel wäre:

Mein Plan für den Ruhestand:

Meine unvergesslichste
'Das-glaubt-mir-keiner'-Geschichte aus dem Büro:

Meine Nachricht an dich: Das wünsche ich dir:

 MEIN ARBEITSMOTTO:

Zeichnung oder Bild von mir

NAME:

AKA:

Ich bin _____ Jahre alt,

aber fühle mich wie _____.

Als Kind war mein Traumberuf _____,

aber heute bin ich _____.

Ich arbeite schon seit _____ mit dir.

Warum du mich so magst: _____

Das mache ich, um beschäftigt auszusehen:

_____.

MEIN ARBEITSTAG BESTEHT AUS...

MEIN ARBEITSSTIL

Macht Spaß	Reines Überleben
Ich helfe gern	Frag jemand anderen
Optimist	Realist (aka Pessimist)
Workaholic	Work...Was?

Mein Büro-Charakter ist am ehesten:

○ **Faultier** – Den Hintern unter keinen Umständen vom Fleck bewegen.

○ **Ameise** – Immer aktiv und hochproduktiv

○ **Igel** – Rollt sich zusammen und hofft, dass alles einfach an ihm vorübergeht.

○ **Gepard um 17Uhr** – Schnell wie der Blitz Richtung Ausgang.

Wie man mich an stressigen Tagen am besten motiviert ...

BESTE AUSREDE:

Fürs Krankmachen:

Fürs Zu-Spät-Kommen:

Wenn man seine Arbeit nicht schafft:

Wenn mein Arbeitsleben ein Songtitel wäre:

Mein Plan für den Ruhestand:

Meine unvergesslichste
'Das-glaubt-mir-keiner'-Geschichte aus dem Büro:

Meine Nachricht an dich: Das wünsche ich dir:

NAME:

AKA:

Ich bin _____ Jahre alt,

aber fühle mich wie _____.

Zeichnung oder Bild von mir

Als Kind war mein Traumberuf _____,

aber heute bin ich _____.

Ich arbeite schon seit _____ mit dir.

Warum du mich so magst: _____

Das mache ich, um beschäftigt auszusehen:

_____.

MEIN ARBEITSTAG BESTEHT AUS...

MEIN ARBEITSSTIL

Macht Spaß   Reines Überleben

Ich helfe gern   Frag jemand anderen

Optimist   Realist (aka Pessimist)

Workaholic   Work...Was?

Mein Büro-Charakter ist am ehesten:

○ **Faultier** — Den Hintern unter keinen Umständen vom Fleck bewegen.
○ **Ameise** — Immer aktiv und hochproduktiv
○ **Igel** — Rollt sich zusammen und hofft, dass alles einfach an ihm vorübergeht.
○ **Gepard um 17Uhr** — Schnell wie der Blitz Richtung Ausgang.

Wie man mich an stressigen Tagen am besten motiviert …

BESTE AUSREDE:

Fürs Krankmachen:

Fürs Zu-Spät-Kommen:

Wenn man seine Arbeit nicht schafft:

Wenn mein Arbeitsleben ein Songtitel wäre:

Mein Plan für den Ruhestand:

Meine unvergesslichste
'Das-glaubt-mir-keiner'-Geschichte aus dem Büro:

Meine Nachricht an dich: Das wünsche ich dir:

NAME:

AKA:

Ich bin _____ Jahre alt,

aber fühle mich wie _____.

Zeichnung oder Bild von mir

Als Kind war mein Traumberuf _____,

aber heute bin ich _____.

Ich arbeite schon seit _____ mit dir.

Warum du mich so magst: _____

Das mache ich, um beschäftigt auszusehen:

_____.

MEIN ARBEITSTAG BESTEHT AUS...

MEIN ARBEITSSTIL

Macht Spaß	Reines Überleben
Ich helfe gern	Frag jemand anderen
Optimist	Realist (aka Pessimist)
Workaholic	Work...Was?

Mein Büro-Charakter ist am ehesten:

○ **Faultier** – Den Hintern unter keinen Umständen vom Fleck bewegen.

○ **Ameise** – Immer aktiv und hochproduktiv

○ **Igel** – Rollt sich zusammen und hofft, dass alles einfach an ihm vorübergeht.

○ **Gepard um 17Uhr** – Schnell wie der Blitz Richtung Ausgang.

Wie man mich an stressigen Tagen am besten motiviert ...

BESTE AUSREDE:

Fürs Krankmachen:

Fürs Zu-Spät-Kommen:

Wenn man seine Arbeit nicht schafft:

Wenn mein Arbeitsleben ein Songtitel wäre:

Mein Plan für den Ruhestand:

Meine unvergesslichste 'Das-glaubt-mir-keiner'-Geschichte aus dem Büro:

Meine Nachricht an dich:　　　Das wünsche ich dir:

MEIN ARBEITSMOTTO:

Zeichnung oder Bild von mir

NAME:
AKA:

Ich bin _____ Jahre alt,

aber fühle mich wie _____.

Als Kind war mein Traumberuf _____,

aber heute bin ich _____.

Ich arbeite schon seit _____ mit dir.

Warum du mich so magst: _____

Das mache ich, um beschäftigt auszusehen:

_____

MEIN ARBEITSTAG BESTEHT AUS...

MEIN ARBEITSSTIL

Macht Spaß	Reines Überleben
Ich helfe gern	Frag jemand anderen
Optimist	Realist (aka Pessimist)
Workaholic	Work...Was?

Mein Büro-Charakter ist am ehesten:

- ◯ **Faultier** – Den Hintern unter keinen Umständen vom Fleck bewegen.
- ◯ **Ameise** – Immer aktiv und hochproduktiv
- ◯ **Igel** – Rollt sich zusammen und hofft, dass alles einfach an ihm vorübergeht.
- ◯ **Gepard um 17Uhr** – Schnell wie der Blitz Richtung Ausgang.

Wie man mich an stressigen Tagen am besten motiviert ...

BESTE AUSREDE:

Fürs Krankmachen:

Fürs Zu-Spät-Kommen:

Wenn man seine Arbeit nicht schafft:

Wenn mein Arbeitsleben ein Songtitel wäre:

Mein Plan für den Ruhestand:

Meine unvergesslichste
'Das-glaubt-mir-keiner'-Geschichte aus dem Büro:

Meine Nachricht an dich: Das wünsche ich dir:

MEIN ARBEITSMOTTO:

NAME:

AKA:

Ich bin _____ Jahre alt,

aber fühle mich wie _____.

Zeichnung oder Bild von mir

Als Kind war mein Traumberuf _____,

aber heute bin ich _____.

Ich arbeite schon seit _____ mit dir.

Warum du mich so magst: _____

Das mache ich, um beschäftigt auszusehen:

_____.

MEIN ARBEITSTAG BESTEHT AUS...

MEIN ARBEITSSTIL

Macht Spaß	Reines Überleben
Ich helfe gern	Frag jemand anderen
Optimist	Realist (aka Pessimist)
Workaholic	Work...Was?

Mein Büro-Charakter ist am ehesten:

- ◯ **Faultier** – Den Hintern unter keinen Umständen vom Fleck bewegen.
- ◯ **Ameise** – Immer aktiv und hochproduktiv
- ◯ **Igel** – Rollt sich zusammen und hofft, dass alles einfach an ihm vorübergeht.
- ◯ **Gepard um 17Uhr** – Schnell wie der Blitz Richtung Ausgang.

Wie man mich an stressigen Tagen am besten motiviert …

BESTE AUSREDE:

Fürs Krankmachen:

Fürs Zu-Spät-Kommen:

Wenn man seine Arbeit nicht schafft:

Wenn mein Arbeitsleben ein Songtitel wäre:

Mein Plan für den Ruhestand:

Meine unvergesslichste
'Das-glaubt-mir-keiner'-Geschichte aus dem Büro:

Meine Nachricht an dich: Das wünsche ich dir:

 MEIN ARBEITSMOTTO:

Zeichnung oder Bild von mir

NAME:
AKA:

Ich bin _____ Jahre alt,

aber fühle mich wie _____.

Als Kind war mein Traumberuf _____,

aber heute bin ich _____.

Ich arbeite schon seit _____ mit dir.

Warum du mich so magst: _____

Das mache ich, um beschäftigt auszusehen:

_____.

MEIN ARBEITSTAG BESTEHT AUS...

MEIN ARBEITSSTIL

Macht Spaß — Reines Überleben

Ich helfe gern — Frag jemand anderen

Optimist — Realist (aka Pessimist)

Workaholic — Work...Was?

Mein Büro-Charakter ist am ehesten:

○ **Faultier** – Den Hintern unter keinen Umständen vom Fleck bewegen.

○ **Ameise** – Immer aktiv und hochproduktiv

○ **Igel** – Rollt sich zusammen und hofft, dass alles einfach an ihm vorübergeht.

○ **Gepard um 17Uhr** – Schnell wie der Blitz Richtung Ausgang.

Wie man mich an stressigen Tagen am besten motiviert ...

BESTE AUSREDE:

Fürs Krankmachen:

Fürs Zu-Spät-Kommen:

Wenn man seine Arbeit nicht schafft:

Wenn mein Arbeitsleben ein Songtitel wäre:

Mein Plan für den Ruhestand:

Meine unvergesslichste
'Das-glaubt-mir-keiner'-Geschichte aus dem Büro:

Meine Nachricht an dich: Das wünsche ich dir:

NAME:

AKA:

Ich bin _____ Jahre alt,

aber fühle mich wie _____.

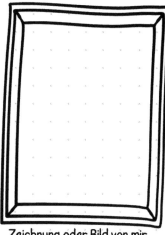

Zeichnung oder Bild von mir

Als Kind war mein Traumberuf _____,

aber heute bin ich _____.

Ich arbeite schon seit _____ mit dir.

Warum du mich so magst: _____

Das mache ich, um beschäftigt auszusehen:

_____.

MEIN ARBEITSTAG BESTEHT AUS...

MEIN ARBEITSSTIL

Macht Spaß	Reines Überleben
Ich helfe gern	Frag jemand anderer
Optimist	Realist (aka Pessimist)
Workaholic	Work...Was?

Mein Büro-Charakter ist am ehesten:

○ **Faultier** — Den Hintern unter keinen Umständen vom Fleck bewegen.

○ **Ameise** — Immer aktiv und hochproduktiv

○ **Igel** — Rollt sich zusammen und hofft, dass alles einfach an ihm vorübergeht.

○ **Gepard um 17Uhr** — Schnell wie der Blitz Richtung Ausgang.

Wie man mich an stressigen Tagen am besten motiviert ...

BESTE AUSREDE:

Fürs Krankmachen:

Fürs Zu-Spät-Kommen:

Wenn man seine Arbeit nicht schafft:

Wenn mein Arbeitsleben ein Songtitel wäre:

Mein Plan für den Ruhestand:

Meine unvergesslichste
'Das-glaubt-mir-keiner'-Geschichte aus dem Büro:

Meine Nachricht an dich: Das wünsche ich dir:

NAME:

AKA:

Ich bin _____ Jahre alt,

aber fühle mich wie _____.

Zeichnung oder Bild von mir

Als Kind war mein Traumberuf _____,

aber heute bin ich _____.

Ich arbeite schon seit _____ mit dir.

Warum du mich so magst: _____

Das mache ich, um beschäftigt auszusehen:

_____.

MEIN ARBEITSTAG BESTEHT AUS...

MEIN ARBEITSSTIL

Macht Spaß	Reines Überleben
Ich helfe gern	Frag jemand anderer
Optimist	Realist (aka Pessimist)
Workaholic	Work...Was?

Mein Büro-Charakter ist am ehesten:

○ **Faultier** – Den Hintern unter keinen Umständen vom Fleck bewegen.

○ **Ameise** – Immer aktiv und hochproduktiv

○ **Igel** – Rollt sich zusammen und hofft, dass alles einfach an ihm vorübergeht.

○ **Gepard um 17Uhr** – Schnell wie der Blitz Richtung Ausgang.

Wie man mich an stressigen Tagen am besten motiviert ...

BESTE AUSREDE:

Fürs Krankmachen:

Fürs Zu-Spät-Kommen:

Wenn man seine Arbeit nicht schafft:

Wenn mein Arbeitsleben ein Songtitel wäre:

Mein Plan für den Ruhestand:

Meine unvergesslichste
'Das-glaubt-mir-keiner'-Geschichte aus dem Büro:

Meine Nachricht an dich: Das wünsche ich dir:

 MEIN ARBEITSMOTTO:

Zeichnung oder Bild von mir

NAME:

AKA:

Ich bin _____ Jahre alt,

aber fühle mich wie _____.

Als Kind war mein Traumberuf _____,

aber heute bin ich _____.

Ich arbeite schon seit _____ mit dir.

Warum du mich so magst: _____

Das mache ich, um beschäftigt auszusehen:

_____.

MEIN ARBEITSTAG BESTEHT AUS...

MEIN ARBEITSSTIL

Macht Spaß — Reines Überleben

Ich helfe gern — Frag jemand anderer

Optimist — Realist (aka Pessimist)

Workaholic — Work...Was?

Mein Büro-Charakter ist am ehesten:

○ **Faultier** – Den Hintern unter keinen Umständen vom Fleck bewegen.

○ **Ameise** – Immer aktiv und hochproduktiv

○ **Igel** – Rollt sich zusammen und hofft, dass alles einfach an ihm vorübergeht.

○ **Gepard um 17 Uhr** – Schnell wie der Blitz Richtung Ausgang.

Wie man mich an stressigen Tagen am besten motiviert ...

BESTE AUSREDE:

Fürs Krankmachen:

Fürs Zu-Spät-Kommen:

Wenn man seine Arbeit nicht schafft:

Wenn mein Arbeitsleben ein Songtitel wäre:

Mein Plan für den Ruhestand:

Meine unvergesslichste
'Das-glaubt-mir-keiner'-Geschichte aus dem Büro:

Meine Nachricht an dich: Das wünsche ich dir:

MEIN ARBEITSMOTTO:

Zeichnung oder Bild von mir

NAME:

AKA:

Ich bin _____ Jahre alt,

aber fühle mich wie _____.

Als Kind war mein Traumberuf _____,

aber heute bin ich _____.

Ich arbeite schon seit _____ mit dir.

Warum du mich so magst: _____

Das mache ich, um beschäftigt auszusehen:

_____.

MEIN ARBEITSTAG BESTEHT AUS...

MEIN ARBEITSSTIL

Macht Spaß — Reines Überleben

Ich helfe gern — Frag jemand anderer

Optimist — Realist (aka Pessimist)

Workaholic — Work...Was?

Mein Büro-Charakter ist am ehesten:

○ **Faultier** — Den Hintern unter keinen Umständen vom Fleck bewegen.

○ **Ameise** — Immer aktiv und hochproduktiv

○ **Igel** — Rollt sich zusammen und hofft, dass alles einfach an ihm vorübergeht.

○ **Gepard um 17Uhr** — Schnell wie der Blitz Richtung Ausgang.

Wie man mich an stressigen Tagen am besten motiviert ...

BESTE AUSREDE:

Fürs Krankmachen:

Fürs Zu-Spät-Kommen:

Wenn man seine Arbeit nicht schafft:

Wenn mein Arbeitsleben ein Songtitel wäre:

Mein Plan für den Ruhestand:

Meine unvergesslichste
'Das-glaubt-mir-keiner'-Geschichte aus dem Büro:

Meine Nachricht an dich: Das wünsche ich dir:

MEIN ARBEITSMOTTO:

NAME:

AKA:

Ich bin _____ Jahre alt,

aber fühle mich wie _____.

Zeichnung oder Bild von mir

Als Kind war mein Traumberuf _____,

aber heute bin ich _____.

Ich arbeite schon seit _____ mit dir.

Warum du mich so magst: _____

Das mache ich, um beschäftigt auszusehen:

_____.

MEIN ARBEITSTAG BESTEHT AUS...

MEIN ARBEITSSTIL

Macht Spaß — Reines Überleben

Ich helfe gern — Frag jemand anderer

Optimist — Realist (aka Pessimist)

Workaholic — Work...Was?

Mein Büro-Charakter ist am ehesten:

- ⭕ **Faultier** – Den Hintern unter keinen Umständen vom Fleck bewegen.
- ⭕ **Ameise** – Immer aktiv und hochproduktiv
- ⭕ **Igel** – Rollt sich zusammen und hofft, dass alles einfach an ihm vorübergeht.
- ⭕ **Gepard um 17Uhr** – Schnell wie der Blitz Richtung Ausgang.

Wie man mich an stressigen Tagen am besten motiviert ...

BESTE AUSREDE:

Fürs Krankmachen:

Fürs Zu-Spät-Kommen:

Wenn man seine Arbeit nicht schafft:

Wenn mein Arbeitsleben ein Songtitel wäre:

Mein Plan für den Ruhestand:

Meine unvergesslichste 'Das-glaubt-mir-keiner'-Geschichte aus dem Büro:

Meine Nachricht an dich:

Das wünsche ich dir:

NAME:

AKA:

Ich bin _____ Jahre alt,

aber fühle mich wie _____.

Zeichnung oder Bild von mir

Als Kind war mein Traumberuf _____,

aber heute bin ich _____.

Ich arbeite schon seit _____ mit dir.

Warum du mich so magst: _____

Das mache ich, um beschäftigt auszusehen:

_____.

MEIN ARBEITSTAG BESTEHT AUS...

MEIN ARBEITSSTIL

Macht Spaß	Reines Überleben
Ich helfe gern	Frag jemand anderer
Optimist	Realist (aka Pessimist)
Workaholic	Work...Was?

Mein Büro-Charakter ist am ehesten:

- ◯ **Faultier** – Den Hintern unter keinen Umständen vom Fleck bewegen.
- ◯ **Ameise** – Immer aktiv und hochproduktiv
- ◯ **Igel** – Rollt sich zusammen und hofft, dass alles einfach an ihm vorübergeht.
- ◯ **Gepard um 17Uhr** – Schnell wie der Blitz Richtung Ausgang.

Wie man mich an stressigen Tagen am besten motiviert ...

BESTE AUSREDE:

Fürs Krankmachen:

Fürs Zu-Spät-Kommen:

Wenn man seine Arbeit nicht schafft:

Wenn mein Arbeitsleben ein Songtitel wäre:

Mein Plan für den Ruhestand:

Meine unvergesslichste
'Das-glaubt-mir-keiner'-Geschichte aus dem Büro:

Meine Nachricht an dich: Das wünsche ich dir:

NAME:

AKA:

Ich bin _____ Jahre alt,

aber fühle mich wie _____.

Zeichnung oder Bild von mir

Als Kind war mein Traumberuf _____,

aber heute bin ich _____.

Ich arbeite schon seit _____ mit dir.

Warum du mich so magst: _____

Das mache ich, um beschäftigt auszusehen:

_____.

MEIN ARBEITSTAG BESTEHT AUS...

MEIN ARBEITSSTIL

Macht Spaß	Reines Überleben
Ich helfe gern	Frag jemand anderer
Optimist	Realist (aka Pessimist)
Workaholic	Work...Was?

Mein Büro-Charakter ist am ehesten:

- ◯ **Faultier** – Den Hintern unter keinen Umständen vom Fleck bewegen.
- ◯ **Ameise** – Immer aktiv und hochproduktiv
- ◯ **Igel** – Rollt sich zusammen und hofft, dass alles einfach an ihm vorübergeht.
- ◯ **Gepard um 17Uhr** – Schnell wie der Blitz Richtung Ausgang.

Wie man mich an stressigen Tagen am besten motiviert ...

BESTE AUSREDE:

Fürs Krankmachen:

Fürs Zu-Spät-Kommen:

Wenn man seine Arbeit nicht schafft:

Wenn mein Arbeitsleben ein Songtitel wäre:

Mein Plan für den Ruhestand:

Meine unvergesslichste
'Das-glaubt-mir-keiner'-Geschichte aus dem Büro:

Meine Nachricht an dich: Das wünsche ich dir:

MEIN ARBEITSMOTTO:

Zeichnung oder Bild von mir

NAME:

AKA:

Ich bin _____ Jahre alt,

aber fühle mich wie _____.

Als Kind war mein Traumberuf _____,

aber heute bin ich _____.

Ich arbeite schon seit _____ mit dir.

Warum du mich so magst: _____

Das mache ich, um beschäftigt auszusehen:

_____.

MEIN ARBEITSTAG BESTEHT AUS...

MEIN ARBEITSSTIL

Macht Spaß — Reines Überleben

Ich helfe gern — Frag jemand anderer

Optimist — Realist (aka Pessimist)

Workaholic — Work...Was?

Mein Büro-Charakter ist am ehesten:

- ◯ **Faultier** – Den Hintern unter keinen Umständen vom Fleck bewegen.
- ◯ **Ameise** – Immer aktiv und hochproduktiv
- ◯ **Igel** – Rollt sich zusammen und hofft, dass alles einfach an ihm vorübergeht.
- ◯ **Gepard um 17Uhr** – Schnell wie der Blitz Richtung Ausgang.

Wie man mich an stressigen Tagen am besten motiviert ...

BESTE AUSREDE:

Fürs Krankmachen:

Fürs Zu-Spät-Kommen:

Wenn man seine Arbeit nicht schafft:

Wenn mein Arbeitsleben ein Songtitel wäre:

Mein Plan für den Ruhestand:

Meine unvergesslichste
'Das-glaubt-mir-keiner'-Geschichte aus dem Büro:

Meine Nachricht an dich: Das wünsche ich dir:

NAME:

AKA:

Ich bin _____ Jahre alt,

aber fühle mich wie _____.

Zeichnung oder Bild von mir

Als Kind war mein Traumberuf _____,

aber heute bin ich _____.

Ich arbeite schon seit _____ mit dir.

Warum du mich so magst: _____

Das mache ich, um beschäftigt auszusehen:

_____.

MEIN ARBEITSTAG BESTEHT AUS...

MEIN ARBEITSSTIL

Macht Spaß	Reines Überleben
Ich helfe gern	Frag jemand anderer
Optimist	Realist (aka Pessimist)
Workaholic	Work...Was?

Mein Büro-Charakter ist am ehesten:

○ **Faultier** – Den Hintern unter keinen Umständen vom Fleck bewegen.

○ **Ameise** – Immer aktiv und hochproduktiv

○ **Igel** – Rollt sich zusammen und hofft, dass alles einfach an ihm vorübergeht.

○ **Gepard um 17Uhr** – Schnell wie der Blitz Richtung Ausgang.

Wie man mich an stressigen Tagen am besten motiviert ...

BESTE AUSREDE:

Fürs Krankmachen:

Fürs Zu-Spät-Kommen:

Wenn man seine Arbeit nicht schafft:

Wenn mein Arbeitsleben ein Songtitel wäre:

Mein Plan für den Ruhestand:

Meine unvergesslichste
'Das-glaubt-mir-keiner'-Geschichte aus dem Büro:

Meine Nachricht an dich: Das wünsche ich dir:

MEIN ARBEITSMOTTO:

Zeichnung oder Bild von mir

NAME:

AKA:

Ich bin _____ Jahre alt,

aber fühle mich wie _____.

Als Kind war mein Traumberuf _____,

aber heute bin ich _____.

Ich arbeite schon seit _____ mit dir.

Warum du mich so magst: _____

Das mache ich, um beschäftigt auszusehen:

_____.

MEIN ARBEITSTAG BESTEHT AUS...

MEIN ARBEITSSTIL

Macht Spaß — Reines Überleben

Ich helfe gern — Frag jemand anderer

Optimist — Realist (aka Pessimist)

Workaholic — Work...Was?

Mein Büro-Charakter ist am ehesten:

- ◯ **Faultier** – Den Hintern unter keinen Umständen vom Fleck bewegen.
- ◯ **Ameise** – Immer aktiv und hochproduktiv
- ◯ **Igel** – Rollt sich zusammen und hofft, dass alles einfach an ihm vorübergeht.
- ◯ **Gepard um 17Uhr** – Schnell wie der Blitz Richtung Ausgang.

Wie man mich an stressigen Tagen am besten motiviert ...

BESTE AUSREDE:

Fürs Krankmachen:

Fürs Zu-Spät-Kommen:

Wenn man seine Arbeit nicht schafft:

Wenn mein Arbeitsleben ein Songtitel wäre:

Mein Plan für den Ruhestand:

Meine unvergesslichste
'Das-glaubt-mir-keiner'-Geschichte aus dem Büro:

Meine Nachricht an dich: Das wünsche ich dir:

MEIN ARBEITSMOTTO:

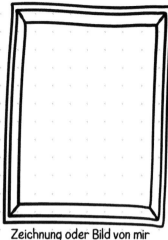

Zeichnung oder Bild von mir

NAME:

AKA:

Ich bin _____ Jahre alt,

aber fühle mich wie _____.

Als Kind war mein Traumberuf _____,

aber heute bin ich _____.

Ich arbeite schon seit _____ mit dir.

Warum du mich so magst: _____

Das mache ich, um beschäftigt auszusehen:

_____.

MEIN ARBEITSTAG BESTEHT AUS...

MEIN ARBEITSSTIL

Macht Spaß	Reines Überleben
Ich helfe gern	Frag jemand anderen
Optimist	Realist (aka Pessimist)
Workaholic	Work...Was?

Mein Büro-Charakter ist am ehesten:

- ○ **Faultier** – Den Hintern unter keinen Umständen vom Fleck bewegen.
- ○ **Ameise** – Immer aktiv und hochproduktiv
- ○ **Igel** – Rollt sich zusammen und hofft, dass alles einfach an ihm vorübergeht.
- ○ **Gepard um 17Uhr** – Schnell wie der Blitz Richtung Ausgang.

Wie man mich an stressigen Tagen am besten motiviert ...

BESTE AUSREDE:

Fürs Krankmachen:

Fürs Zu-Spät-Kommen:

Wenn man seine Arbeit nicht schafft:

Wenn mein Arbeitsleben ein Songtitel wäre:

Mein Plan für den Ruhestand:

Meine unvergesslichste
'Das-glaubt-mir-keiner'-Geschichte aus dem Büro:

Meine Nachricht an dich: Das wünsche ich dir:

MEIN ARBEITSMOTTO:

NAME:

AKA:

Ich bin _____ Jahre alt,

aber fühle mich wie _____.

Zeichnung oder Bild von mir

Als Kind war mein Traumberuf _____,

aber heute bin ich _____.

Ich arbeite schon seit _____ mit dir.

Warum du mich so magst: _____

Das mache ich, um beschäftigt auszusehen:

_____.

MEIN ARBEITSTAG BESTEHT AUS...

MEIN ARBEITSSTIL

Macht Spaß	Reines Überleben
Ich helfe gern	Frag jemand anderer
Optimist	Realist (aka Pessimist)
Workaholic	Work...Was?

Mein Büro-Charakter ist am ehesten:

○ **Faultier** – Den Hintern unter keinen Umständen vom Fleck bewegen.

○ **Ameise** – Immer aktiv und hochproduktiv

○ **Igel** – Rollt sich zusammen und hofft, dass alles einfach an ihm vorübergeht.

○ **Gepard um 17Uhr** – Schnell wie der Blitz Richtung Ausgang.

Wie man mich an stressigen Tagen am besten motiviert ...

BESTE AUSREDE:

Fürs Krankmachen:

Fürs Zu-Spät-Kommen:

Wenn man seine Arbeit nicht schafft:

Wenn mein Arbeitsleben ein Songtitel wäre:

Mein Plan für den Ruhestand:

Meine unvergesslichste
'Das-glaubt-mir-keiner'-Geschichte aus dem Büro:

Meine Nachricht an dich: Das wünsche ich dir:

MEIN ARBEITSMOTTO:

Zeichnung oder Bild von mir

NAME:

AKA:

Ich bin _____ Jahre alt,

aber fühle mich wie _____.

Als Kind war mein Traumberuf _____,

aber heute bin ich _____.

Ich arbeite schon seit _____ mit dir.

Warum du mich so magst: _____

Das mache ich, um beschäftigt auszusehen:

_____.

MEIN ARBEITSTAG BESTEHT AUS...

MEIN ARBEITSSTIL

- Macht Spaß / Reines Überleben
- Ich helfe gern / Frag jemand anderer
- Optimist / Realist (aka Pessimist)
- Workaholic / Work...Was?

Mein Büro-Charakter ist am ehesten:

- ◯ **Faultier** – Den Hintern unter keinen Umständen vom Fleck bewegen.
- ◯ **Ameise** – Immer aktiv und hochproduktiv
- ◯ **Igel** – Rollt sich zusammen und hofft, dass alles einfach an ihm vorübergeht.
- ◯ **Gepard um 17Uhr** – Schnell wie der Blitz Richtung Ausgang.

Wie man mich an stressigen Tagen am besten motiviert ...

BESTE AUSREDE:

Fürs Krankmachen:

Fürs Zu-Spät-Kommen:

Wenn man seine Arbeit nicht schafft:

Wenn mein Arbeitsleben ein Songtitel wäre:

Mein Plan für den Ruhestand:

Meine unvergesslichste
'Das-glaubt-mir-keiner'-Geschichte aus dem Büro:

Meine Nachricht an dich: Das wünsche ich dir:

NAME:

AKA:

Ich bin _____ Jahre alt,

aber fühle mich wie _____.

Zeichnung oder Bild von mir

Als Kind war mein Traumberuf _____,

aber heute bin ich _____.

Ich arbeite schon seit _____ mit dir.

Warum du mich so magst: _____

Das mache ich, um beschäftigt auszusehen:

_____.

MEIN ARBEITSTAG BESTEHT AUS...

MEIN ARBEITSSTIL

Macht Spaß	Reines Überleben
Ich helfe gern	Frag jemand anderen
Optimist	Realist (aka Pessimist)
Workaholic	Work...Was?

Mein Büro-Charakter ist am ehesten:

- ⭕ **Faultier** – Den Hintern unter keinen Umständen vom Fleck bewegen.
- ⭕ **Ameise** – Immer aktiv und hochproduktiv
- ⭕ **Igel** – Rollt sich zusammen und hofft, dass alles einfach an ihm vorübergeht.
- ⭕ **Gepard um 17Uhr** – Schnell wie der Blitz Richtung Ausgang.

Wie man mich an stressigen Tagen am besten motiviert ...

BESTE AUSREDE:

Fürs Krankmachen:

Fürs Zu-Spät-Kommen:

Wenn man seine Arbeit nicht schafft:

Wenn mein Arbeitsleben ein Songtitel wäre:

Mein Plan für den Ruhestand:

Meine unvergesslichste
'Das-glaubt-mir-keiner'-Geschichte aus dem Büro:

Meine Nachricht an dich: Das wünsche ich dir:

 **MEIN ARBEITSMOTTO:**

NAME:

AKA:

Ich bin _____ Jahre alt,

aber fühle mich wie _____.

Als Kind war mein Traumberuf _____,

aber heute bin ich _____.

Ich arbeite schon seit _____ mit dir.

Warum du mich so magst: _____

Das mache ich, um beschäftigt auszusehen:

_____.

Zeichnung oder Bild von mir

MEIN ARBEITSTAG BESTEHT AUS...

MEIN ARBEITSSTIL

Macht Spaß	Reines Überleben
Ich helfe gern	Frag jemand anderen
Optimist	Realist (aka Pessimist)
Workaholic	Work...Was?

Mein Büro-Charakter ist am ehesten:

○ **Faultier** – Den Hintern unter keinen Umständen vom Fleck bewegen.
○ **Ameise** – Immer aktiv und hochproduktiv
○ **Igel** – Rollt sich zusammen und hofft, dass alles einfach an ihm vorübergeht.
○ **Gepard um 17 Uhr** – Schnell wie der Blitz Richtung Ausgang.

Wie man mich an stressigen Tagen am besten motiviert ...

BESTE AUSREDE:

Fürs Krankmachen:

Fürs Zu-Spät-Kommen:

Wenn man seine Arbeit nicht schafft:

Wenn mein Arbeitsleben ein Songtitel wäre:

Mein Plan für den Ruhestand:

Meine unvergesslichste
'Das-glaubt-mir-keiner'-Geschichte aus dem Büro:

Meine Nachricht an dich: Das wünsche ich dir:

NAME:

AKA:

Ich bin _____ Jahre alt,

aber fühle mich wie _____.

Zeichnung oder Bild von mir

Als Kind war mein Traumberuf _____,

aber heute bin ich _____.

Ich arbeite schon seit _____ mit dir.

Warum du mich so magst: _____

Das mache ich, um beschäftigt auszusehen:

_____.

MEIN ARBEITSTAG BESTEHT AUS...

MEIN ARBEITSSTIL

Macht Spaß — Reines Überleben

Ich helfe gern — Frag jemand anderer

Optimist — Realist (aka Pessimist)

Workaholic — Work...Was?

Mein Büro-Charakter ist am ehesten:

- ◯ **Faultier** — Den Hintern unter keinen Umständen vom Fleck bewegen.
- ◯ **Ameise** — Immer aktiv und hochproduktiv
- ◯ **Igel** — Rollt sich zusammen und hofft, dass alles einfach an ihm vorübergeht.
- ◯ **Gepard um 17 Uhr** — Schnell wie der Blitz Richtung Ausgang.

Wie man mich an stressigen Tagen am besten motiviert ...

BESTE AUSREDE:

Fürs Krankmachen:

Fürs Zu-Spät-Kommen:

Wenn man seine Arbeit nicht schafft:

Wenn mein Arbeitsleben ein Songtitel wäre:

Mein Plan für den Ruhestand:

Meine unvergesslichste
'Das-glaubt-mir-keiner'-Geschichte aus dem Büro:

Meine Nachricht an dich: Das wünsche ich dir:

 **MEIN ARBEITSMOTTO:**

NAME:

AKA:

Ich bin _____ Jahre alt,

aber fühle mich wie _____.

Zeichnung oder Bild von mir

Als Kind war mein Traumberuf _____,

aber heute bin ich _____.

Ich arbeite schon seit _____ mit dir.

Warum du mich so magst: _____

Das mache ich, um beschäftigt auszusehen:

_____.

MEIN ARBEITSTAG BESTEHT AUS...

MEIN ARBEITSSTIL

Macht Spaß — Reines Überleben

Ich helfe gern — Frag jemand anderer

Optimist — Realist (aka Pessimist)

Workaholic — Work...Was?

Mein Büro-Charakter ist am ehesten:

○ **Faultier** – Den Hintern unter keinen Umständen vom Fleck bewegen.
○ **Ameise** – Immer aktiv und hochproduktiv
○ **Igel** – Rollt sich zusammen und hofft, dass alles einfach an ihm vorübergeht.
○ **Gepard um 17Uhr** – Schnell wie der Blitz Richtung Ausgang.

Wie man mich an stressigen Tagen am besten motiviert …

BESTE AUSREDE:

Fürs Krankmachen:

Fürs Zu-Spät-Kommen:

Wenn man seine Arbeit nicht schafft:

Wenn mein Arbeitsleben ein Songtitel wäre:

Mein Plan für den Ruhestand:

Meine unvergesslichste
'Das-glaubt-mir-keiner'-Geschichte aus dem Büro:

Meine Nachricht an dich: Das wünsche ich dir:

NAME:

AKA:

Ich bin _____ Jahre alt,

aber fühle mich wie _____.

Zeichnung oder Bild von mir

Als Kind war mein Traumberuf _____,

aber heute bin ich _____.

Ich arbeite schon seit _____ mit dir.

Warum du mich so magst: _____

Das mache ich, um beschäftigt auszusehen:

_____.

MEIN ARBEITSTAG BESTEHT AUS...

MEIN ARBEITSSTIL

Macht Spaß — Reines Überleben

Ich helfe gern — Frag jemand anderer

Optimist — Realist (aka Pessimist)

Workaholic — Work...Was?

Mein Büro-Charakter ist am ehesten:

○ **Faultier** – Den Hintern unter keinen Umständen vom Fleck bewegen.

○ **Ameise** – Immer aktiv und hochproduktiv

○ **Igel** – Rollt sich zusammen und hofft, dass alles einfach an ihm vorübergeht.

○ **Gepard um 17Uhr** – Schnell wie der Blitz Richtung Ausgang.

Wie man mich an stressigen Tagen am besten motiviert ...

BESTE AUSREDE:

Fürs Krankmachen:

Fürs Zu-Spät-Kommen:

Wenn man seine Arbeit nicht schafft:

Wenn mein Arbeitsleben ein Songtitel wäre:

Mein Plan für den Ruhestand:

Meine unvergesslichste
'Das-glaubt-mir-keiner'-Geschichte aus dem Büro:

Meine Nachricht an dich: Das wünsche ich dir:

MEIN ARBEITSMOTTO:

Zeichnung oder Bild von mir

NAME:

AKA:

Ich bin _____ Jahre alt,

aber fühle mich wie _____.

Als Kind war mein Traumberuf _____,

aber heute bin ich _____.

Ich arbeite schon seit _____ mit dir.

Warum du mich so magst: _____

Das mache ich, um beschäftigt auszusehen:

_____.

MEIN ARBEITSTAG BESTEHT AUS...

MEIN ARBEITSSTIL

Macht Spaß — Reines Überleben

Ich helfe gern — Frag jemand anderen

Optimist — Realist (aka Pessimist)

Workaholic — Work...Was?

Mein Büro-Charakter ist am ehesten:

○ **Faultier** – Den Hintern unter keinen Umständen vom Fleck bewegen.

○ **Ameise** – Immer aktiv und hochproduktiv

○ **Igel** – Rollt sich zusammen und hofft, dass alles einfach an ihm vorübergeht.

○ **Gepard um 17Uhr** – Schnell wie der Blitz Richtung Ausgang.

Wie man mich an stressigen Tagen am besten motiviert ...

BESTE AUSREDE:

Fürs Krankmachen:

Fürs Zu-Spät-Kommen:

Wenn man seine Arbeit nicht schafft:

Wenn mein Arbeitsleben ein Songtitel wäre:

Mein Plan für den Ruhestand:

Meine unvergesslichste
'Das-glaubt-mir-keiner'-Geschichte aus dem Büro:

Meine Nachricht an dich: Das wünsche ich dir:

NAME:

AKA:

Ich bin _____ Jahre alt,

aber fühle mich wie _____.

Zeichnung oder Bild von mir

Als Kind war mein Traumberuf _____,

aber heute bin ich _____.

Ich arbeite schon seit _____ mit dir.

Warum du mich so magst: _____

Das mache ich, um beschäftigt auszusehen:

_____.

MEIN ARBEITSTAG BESTEHT AUS...

MEIN ARBEITSSTIL

- Macht Spaß
- Reines Überleben
- Ich helfe gern
- Frag jemand anderen
- Optimist
- Realist (aka Pessimist)
- Workaholic
- Work...Was?

Mein Büro-Charakter ist am ehesten:

- ◯ **Faultier** — Den Hintern unter keinen Umständen vom Fleck bewegen.
- ◯ **Ameise** — Immer aktiv und hochproduktiv
- ◯ **Igel** — Rollt sich zusammen und hofft, dass alles einfach an ihm vorübergeht.
- ◯ **Gepard um 17Uhr** — Schnell wie der Blitz Richtung Ausgang.

Wie man mich an stressigen Tagen am besten motiviert ...

BESTE AUSREDE:

Fürs Krankmachen:

Fürs Zu-Spät-Kommen:

Wenn man seine Arbeit nicht schafft:

Wenn mein Arbeitsleben ein Songtitel wäre:

Mein Plan für den Ruhestand:

Meine unvergesslichste
'Das-glaubt-mir-keiner'-Geschichte aus dem Büro:

Meine Nachricht an dich: Das wünsche ich dir:

MEIN ARBEITSMOTTO:

NAME:

AKA:

Ich bin _____ Jahre alt,

aber fühle mich wie _____.

Zeichnung oder Bild von mir

Als Kind war mein Traumberuf _____,

aber heute bin ich _____.

Ich arbeite schon seit _____ mit dir.

Warum du mich so magst: _____

Das mache ich, um beschäftigt auszusehen:

_____.

MEIN ARBEITSTAG BESTEHT AUS...

MEIN ARBEITSSTIL

Macht Spaß — Reines Überleben

Ich helfe gern — Frag jemand anderer

Optimist — Realist (aka Pessimist)

Workaholic — Work...Was?

Mein Büro-Charakter ist am ehesten:

- ◯ **Faultier** – Den Hintern unter keinen Umständen vom Fleck bewegen.
- ◯ **Ameise** – Immer aktiv und hochproduktiv
- ◯ **Igel** – Rollt sich zusammen und hofft, dass alles einfach an ihm vorübergeht.
- ◯ **Gepard um 17Uhr** – Schnell wie der Blitz Richtung Ausgang.

Wie man mich an stressigen Tagen am besten motiviert ...

BESTE AUSREDE:

Fürs Krankmachen:

Fürs Zu-Spät-Kommen:

Wenn man seine Arbeit nicht schafft:

Wenn mein Arbeitsleben ein Songtitel wäre:

Mein Plan für den Ruhestand:

Meine unvergesslichste
'Das-glaubt-mir-keiner'-Geschichte aus dem Büro:

Meine Nachricht an dich: Das wünsche ich dir:

NAME:

AKA:

Ich bin _____ Jahre alt,

aber fühle mich wie _____.

Zeichnung oder Bild von mir

Als Kind war mein Traumberuf _____,

aber heute bin ich _____.

Ich arbeite schon seit _____ mit dir.

Warum du mich so magst: _____

Das mache ich, um beschäftigt auszusehen:

_____.

MEIN ARBEITSTAG BESTEHT AUS...

MEIN ARBEITSSTIL

Macht Spaß	Reines Überleben
Ich helfe gern	Frag jemand anderer
Optimist	Realist (aka Pessimist)
Workaholic	Work...Was?

Mein Büro-Charakter ist am ehesten:

- ○ **Faultier** – Den Hintern unter keinen Umständen vom Fleck bewegen.
- ○ **Ameise** – Immer aktiv und hochproduktiv
- ○ **Igel** – Rollt sich zusammen und hofft, dass alles einfach an ihm vorübergeht.
- ○ **Gepard um 17Uhr** – Schnell wie der Blitz Richtung Ausgang.

Wie man mich an stressigen Tagen am besten motiviert ...

BESTE AUSREDE:

Fürs Krankmachen:

Fürs Zu-Spät-Kommen:

Wenn man seine Arbeit nicht schafft:

Wenn mein Arbeitsleben ein Songtitel wäre:

Mein Plan für den Ruhestand:

Meine unvergesslichste
'Das-glaubt-mir-keiner'-Geschichte aus dem Büro:

Meine Nachricht an dich: Das wünsche ich dir:

KOLLEGEN AWARDS

Trage den Namen des Kollegen ein, den du nominieren möchtest, und markiere deine Stimme mit einem Strich. Du hast nur eine einzige Stimme – wähle daher mit Bedacht. :

DER KAFFEE-JUNKIE

7 Tassen Kaffee am Tag sind ganz normal. Komm ihm nicht zu nahe, wenn mal die Kaffeemaschine aufgibt...

Name: | Stimmen:

Gewinner:

DRAMA QUEEN/KING

Name: | Stimmen:

Gewinner:

DER WORKAHOLIC
Überstunden sind sein zweiter Vorname. Privatleben ist ein Fremdwort.

Name: _____ Stimmen: _____

DER 'ICH-KOMME-JEDEN-TAG-BEI-WIND-UND-WETTER-MIT-DEM-FAHRRAD-ZUR-ARBEIT'-KOLLEGE

Name: _____ Stimmen: _____

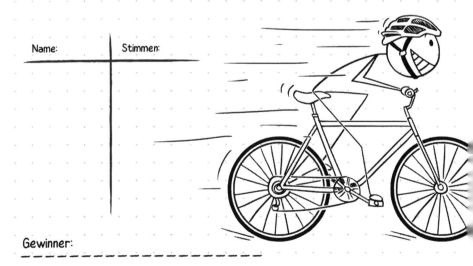

Gewinner: _____

DER FAULENZER

Verwandt mit Beamten.
Sitzen den ganzen Tag herum und
zählen die Fliegen im Büro.

Name: | Stimmen:

Gewinner:

DER BÜROKRAT

Regeln, Regeln, Regeln,
Vorschriften und nochmals
Regeln...

Name: | Stimmen:

Gewinner:

DER PERFEKTIONIST

Alles muss stimmen, jedes noch so unwichtige kleine Detail …

Name: | Stimmen:

Gewinner:

DER ENTERTAINER

Hat jeden Tag einen Clown zum Frühstück.

Name: | Stimmen:

Gewinner:

Impressum
Alex Ruhm wird vertreten durch :
c/o AutorenServices.de
Birkenallee 24
36037 Fulda

ISBN: 978-3-00-079214-4
Lachlos Verlag

Printed in Poland
by Amazon Fulfillment
Poland Sp. z o.o., Wrocław